20

供电企业生产技能人员标准化作业培训教材

输电电缆交流耐压试验

福建省电力有限公司　组编

输变电

中国电力出版社
CHINA ELECTRIC POWER PRESS

内 容 提 要

本册书是按照《供电企业生产技能人员标准化作业培训教材》体系的要求，结合生产实际编写而成。本册书主要介绍输电电缆交流耐压试验方法、工作流程、质量标准与控制、安全风险分析与预控、管理与记录要求等内容。通过作业案例介绍，使读者熟悉和掌握作业前的准备工作、作业中的危险点预控、工艺标准和质量要求，作业后管理与记录要求。

本册书作者都是长期从事电力生产一线的员工，有较为丰富的现场实际经验，所列举的案例也是实际生产过程中所发生的，具有较强的生产现场指导意义。本册书可用于从事输电电缆运维与检修人员持证上岗培训教材，也可作为输电电缆专业人员参考用书。

图书在版编目（CIP）数据

供电企业生产技能人员标准化作业培训教材. 输变电/福建省电力有限公司组编. —北京：中国电力出版社，2012.12
ISBN 978-7-5123-3810-4

Ⅰ. ①供… Ⅱ. ①福… Ⅲ. ①供电－工业企业管理－标准化管理－中国－技术培训－教材 ②输电－电力系统－技术培训－教材 ③变电所－电力系统－技术培训－教材 Ⅳ. ①F426.61

中国版本图书馆 CIP 数据核字（2012）第 287838 号

中国电力出版社出版、发行
（北京市东城区北京站西街 19 号 100005 http://www.cepp.sgcc.com.cn）
北京九天众诚印刷有限公司印刷
各地新华书店经售
*
2013 年 1 月第一版 2013 年 1 月北京第一次印刷
787 毫米×1092 毫米 16 开本 84 印张 1766 千字
全册定价 **232.00** 元

陈艺鑫　陈日坤　陈祥舒　陈朝晖　陈德兴

林　衡　林一泓　林志敏　林志强　林轶群

林海渊　欧世尧　欧永连　罗　松　罗　毅

金建宁　郑哲人　郑雄俊　郑黎斐　赵道阳

施　纬　施广宇　洪西卿　钱志立　翁晓锋

涂恩来　黄　亮　黄国敏　董　磊　傅智为

潘晨曦

前言

preface

为了更好地服务“五大”体系建设，提升生产技能人员良好的“职业化”行为习惯，建立与现场标准化作业生产环境一致的培训课程体系，福建省电力有限公司以现场标准化作业指导书为蓝本，组织开展生产技能标准化作业培训教材的编写工作。为确保教材的编写质量和进度，由总工程师李功新主抓此项工作，多次召集工作协调会，定期听取编写进度汇报；人力资源部负责教材编写的组织工作，运维检修部、科技信通部和调度控制中心负责教材编写的具体工作，福建省电力有限公司和基层单位技术专家组成教材编写与审定小组，公司培训中心负责教材编写框架和编写规范的制订、编写进度跟踪及其他协调工作。

本套教材集中了福建省电力有限公司众多专家学者的智慧，采用了全新的组织架构，突出了基于现场标准化作业的培训特色。本套教材分为配电专业、输变电专业和二次专业三本书，包括91项现场标准化作业项目（子分册），具有很强的针对性和实用性。各项目（子分册）分为两部分：第一部分介绍了各项目的工作流程、工作质量标准与控制、危险点分析与预控、管理与记录要求、作业案例等；第二部分罗列了标准化作业指导书等标准化作业文本，并结合第一部分的作业案例说明了标准化文本的填写规范。部分项目（子分册）还在附录部分对设备等内容进行了说明。

其中，配电专业分为架空线路、配电设备、计量装置及其他设备，由福建省电力有限公司运维检修部高级工程师姚亮担任编写组长，福州电业局、厦门电业局、莆田电业局、泉州电业局、漳州电业局、龙岩电业局、三明电业局、南平电业局、宁德电业局、福清电力公司、石狮电力公司、晋江电力公司、南安电力公司、长乐电力公司等单位的专家参与编写工作。输变电专业分为开关类、线圈类和架空线路及电缆，由福建省电力有限公司运维检修部高级工程师林平担任编写组长，福建省电力科学研究院、检修分公司、福州电业局、厦门电业局、莆田电业局、泉州电业局、漳州电业局、龙岩电业局、三明电业局等单位的专家参与编写工作。二次专业分为继电保护、综合自动化、直流系统和电力通信，由福建省电力有限公司调度控制中心高级工程师宋福海、科技信通部高级工程师连纪文担任编写组长，福建省电力科学研究院、检修分公司、信息通信分公司、福州电业局、厦门电业局、莆田电业局、泉州电业局、龙岩电业局、三明电业局、南平电业局等单位的专家参与编写工作。

本册由厦门电业局严有祥担任编写组长，厦门电业局陈朝晖、杨毓庆、陈日坤、叶色亮、福州电业局王全兴、泉州电业局吴志成、三明电业局沈明松、李春等编写；福建省电力有限公司运维检修部吴虹主审，福建省电力有限公司运维检修部林力辉、漳州电业局李郭然、福建省电力有限公司检修分公司倪孟华、厦门电业局胡志猛、吴增辉、福建省电力科学研究院李强等参审。

本教材在编写、审定过程中得到了福建省电力有限公司有关单位领导和专家的大力支持和帮助，在此一并感谢。同时，也感谢中国电力出版社的大力支持。

由于编者能力所限及编写时间仓促，难免存在疏漏之处，恳请各位专家和读者提出宝贵意见。

contents 目录

第一部分 标准化作业培训

1 作业描述

根据输电电缆交流耐压试验的标准化作业指导书的内容，介绍输电电缆交流耐压试验的工作流程和质量标准要求。通过流程介绍和列表说明，掌握输电电缆交流耐压试验所需工器具、材料、工作流程、质量标准、作业中的危险点预控、操作步骤、管理要求等内容。

2 工作流程

输电电缆交流耐压试验的工作流程如图 1-1 所示。

3 工作质量标准与控制

3.1 引用标准

GB 50150—2006　　《电气装置安装工程电气设备交接试验标准》

Q/GDW 168—2008　《输变电设备状态检修试验规程》

3.2 质量控制

（1）电力电缆已敷设完成，电缆头制作完毕。

（2）将电力电缆外接设备隔离开来并接地。如变压器、断路器、电抗器、避雷器、架空线等。

（3）施工时临时搭建的架子已拆除。

（4）试验当天天气良好，温度、湿度符合要求。

（5）将试验设备调试并准备就位，试验场地四周装设围栏，悬挂“止步，高压危险！”标示牌。

（6）按规定试验方法布置试验接线，将试验引线接上被试电缆某相，其余二相接地，如图 1-2 所示。

（7）测量该相电缆的绝缘电阻。

（8）检查试验回路所有接线，检查测量仪表，准备开始试验。

（9）合上试验电源，开始试验，将试验回路调至谐振。

（10）将输出电压逐渐升至试验电压，保持试验电压 60min，然后快速降压至零，断开试验电源，高压端挂接地线。

（11）试验过程中如发生闪络、击穿或异常情况，应立即暂停试验。委托方应安排人员检查电缆是否需要处理，确定能否再次进行耐压试验。试验方应检查试验设备是否损坏，如有损坏须立即检修。

（12）重新试验时如再次发生闪络或击穿，委托方必须确认电缆经检查处理后符合耐压试验要求，重复执行步骤（6），直至试验完成。

（13）再次测量该相电缆的绝缘电阻。

（14）依次进行其他两相的试验，试验完成。

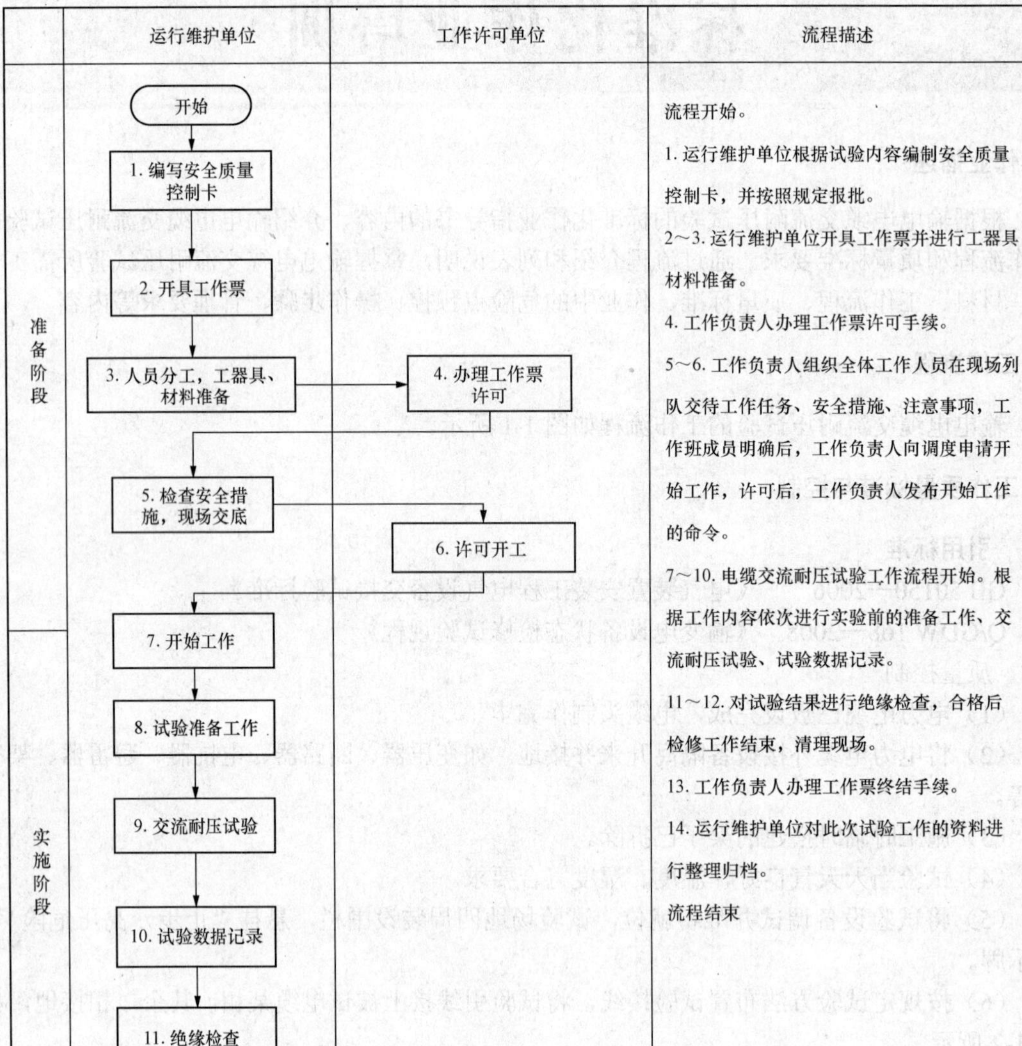

图 1-1　电缆交流耐压试验的工作流程图

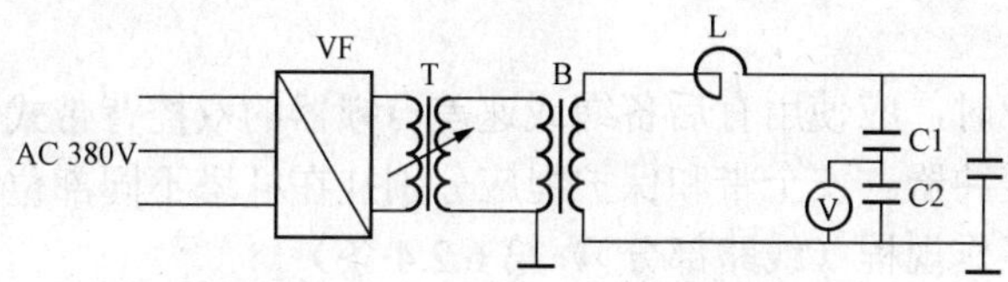

图 1-2　电缆交流耐压试验接线图

VF—变频电源；T—调压器；B—中间变压器；L—高压电抗器；C1、C2—分压器高、低压电容器；V—测量电压表；C_x—被试电缆

4　安全风险分析与预控

4.1　危险点 1：触电

事故案例

9 月 5 日 10:54，110kV 水电站西关路 218 断路器速断保护动作跳闸，调度值班人员当即通知配电工区电缆运行班班长陈 × 查找事故。12:13，陈 × 到达现场经检查后，报调度电缆已挖坏，并申请停电处理。调度员对该线路停电并许可后，陈 × 带领工作人员开始清理故障点电缆上方及周围的盖板、泥土。清理完成后，发现现场有两条电缆（东西并排），且均受到不同程度的破坏。在工作开始前，工作负责人陈 × 只向其中的 1 名工作人员交待两侧已停好电并挂好地线，并没有向其他工作人员进行危险点告知，交待安全措施和技术措施。16:00，西侧电缆（西关一路）故障处理完毕。在处理东侧故障电缆时，工作负责人陈 × 主观认为东侧电缆是西关一路并接的另一条电缆（实际是运行中的西关二路），在没有使用绝缘刺锥确认无电的情况下，即开始此条电缆的故障处理。进入坑内的工作人员（郝 × 、陈 × 、谷 × ）在剥除电缆外护套、钢铠、填充料、内护套后，又开始对其中 V 相的铜屏蔽层、半导电层进行处理。16:34，工作班成员陈 × 、谷 × 在割破西关二路电缆绝缘后触电。其中陈 × 经抢救无效死亡。

防范措施

（1）工作前应详细核对电缆名称和标志是否与工作票所填写的相符，安全措施不完善不可开工。（《国家电网公司电力安全工作规程（线路部分）》第 12.1.1 条）

（2）工作人员锯电缆前应核对电缆走向，使用专用仪器确认电缆确无电压后，方可工作。（《国家电网公司电力安全工作规程（线路部分）》第 12.2.1.9 条）

4.2　危险点 2：高处坠落

事故案例

× 月 × 日，× × 电力建设总公司开始对那安线路进行增加绝缘子工作。5 月 15 日，电建公司 × × 班 × × 组在完成 × × 铁塔增加绝缘子工作后，于 11:10 转移到 × × 铁塔工作。11:55，在完成 × × 铁塔增加绝缘子工作后准备拆除紧线器时，由于距离较远，只能骑坐在绝缘子串上作业。施工人员巴 × 将安全带系在 × × 铁塔 C 相绝缘子串上，正准备作业时，绝缘子 U 型挂环与铁塔挂点处螺栓发生脱落，导致绝缘子串滑脱，致使骑坐在绝缘子串上的施工人员坠地。其他工作人员随即将其送往医院进行抢救，因伤势过重抢救无效，于 12:30 死亡。

防范措施

（1）作业人员攀登杆塔、杆塔上转位及杆塔上作业时，手扶的构件应牢固，不准失去安全防护，并防止安全带从杆顶脱出或被锋利物损坏。（《国家电网公司电力安全工作规程（线

路部分）》第 6.2.3 条）

（2）在杆塔上作业时，应使用有后备绳或速差自锁器的双控背带式安全带，当后保护绳超过 3m 时，应使用缓冲器。安全带和保护绳应分别挂在杆塔不同部位的牢固构件上。（《国家电网公司电力安全工作规程（线路部分）》第 6.2.4 条）

（3）高处作业人员在作业过程中，应随时检查安全带是否拴牢。高处作业人员在转移作业位置时不准失去安全带防护。（《国家电网公司电力安全工作规程（线路部分）》第 7.10 条）

（4）工作负责人、专责监护人应始终在工作现场，对工作班人员的安全进行认真监护，及时纠正不安全的行为。（《国家电网公司电力安全工作规程（线路部分）》第 2.5.1 条）

5 管理与记录要求

（1）召开班前会、班后会。

（2）做好试验过程中数据记录，记录格式如表 1-1 所示。

表 1-1 电缆交流耐压试验原始记录

电缆试验记录表							
委托单位		电缆型号与规格		制造厂家		生产日期	
安装日期		试验性质		电缆长度		安装位置	
试验日期				天气			
试验项目							
绝缘电阻测试（MΩ）	耐压前			耐压后			
U 相							
V 相							
W 相							
耐压试验	谐振频率（Hz）	试变低压侧电流（A）	试变低压侧电压（V）	耐压值（kV）	加压时间（min）	结论	
U 相							
V 相							
W 相							
试验设备							
试验人员			记录		审核		

（3）将班前会和班后会录音上传至 GPMS 系统，并做好登记。

（4）将本次作业过程记录录入到 GPMS 系统，进行评估和终结作业流程。

6 作业案例

以 220kV ××电缆交流耐压试验作业为例。

6.1 作业前准备

6.1.1 准备工作

6.1.1.1 查阅资料

（1）查阅施工线路的图纸资料，了解和掌握作业所需的各种参数。

（2）绝缘材料：交联 XLPE，长度：约 3700m，导体截面面积：$2500mm^2$，每相电容量：$0.232\times3.7=0.8584$（μF）。

（3）执行 GB 50150—2006《电气装置安装工程电气设备交接试验标准》，在电缆导体和屏蔽层之间施加交流电压 $1.4U_0$（178kV），耐压时间：60min。

6.1.1.2 编制作业指导书

包含更换工作任务的人员分工、作业方案、质量控制流程和工艺标准、作业危险点分析及控制措施等内容。

6.1.1.3 试验电源选择

（1）查表获取该截面电缆的单位长度电容量，并乘以长度计算其总电容量 C。

（2）按表 1-2 估算试验电源。

表 1-2 试验电源估算表

指　标	计算公式	计算值	备　注
试品电容量（C）	$C=C_0l$（μF）		
谐振频率（f）	$f=\frac{1}{2\pi\sqrt{LC}}$ （Hz）		谐振频率控制在 40～150Hz 间，否则增加电抗器个数
高压电流（I_c）	$I_c=2\pi f\,CU$ （A）		
高压容量（S_c）	$S_c=UI_c$（kVA）		
高压容量（S_s）	$S_s=S_c/Q$（kVA）		Q 值取 70
低压电流（I_s）	$I_s=\frac{S_s}{U_s\sqrt{3}}$ （A）		
最终所需电源容量	电压：380V 电流：		考虑 Q 值偏差及试验电压的稳定性，增加约 20%的裕度
电缆导体截面积（mm^2）	电容量（μF/km）		
	64/110kV		128/220kV
240	0.129		
300	0.139		
400	0.156		0.118
500	0.169		0.124
630	0.188		0.138
800	0.214		0.155
1000	0.231		0.172
1200	0.242		0.179
1400	0.259		0.190
1600	0.273		0.198
1800	0.284		0.207

表（续）

指　　标	计算公式	计算值	备　　注
2000	0.296		0.215
2200			0.221
2500			0.232

（3）试验时采用 4 台 230kV 电抗器，电感量为 15.75H，据此估算，

试验频率：$f = 1/2\pi\sqrt{LC} = 1/2\times 3.14\sqrt{15.75\times 0.8584\times 10^{-6}} = 41.84(\text{Hz})$。

试验时高压电流：$I_c = 2\pi f_c U = 2\times 3.14\times 41.84\times 0.8584\times 10^{-6}\times 178\times 10^{3} = 41.84(\text{A})$。

试验时高压容量：$S_C = IU = 41.84\times 178000 = 7496880$（VA）。

低压容量：$S_s=S_C/Q=7496880/70=107098$（VA），$Q$ 值取 70。

试验时低压电流：$I_s = S_s / U_s\times\sqrt{3} = 107098/(1.73\times 380) = 162(\text{A})$。

考虑到 Q 实际试验时有差别，在电缆户外终端塔处应备有试验电源 380V、200A。

6.1.1.4　工作方法

交流变频谐振

6.1.1.5　仪器、工器具及材料

详见第 2 部分安全质量控制卡。

6.1.1.6　作业人员资格审查

必须取得输电电缆专业上岗证书，经安全技术培训并考试合格，无妨碍工作的病症。

6.1.1.7　场地准备

试验采用的串联电抗器为圆筒形结构，高约 2m，直径约 1.2m，要求图 1-3 所示的空地较为平整。

6.1.1.8　天气要求

天气晴好，相对湿度应低于 80%。

图 1-3　试验场地概况图（圆圈为高压电抗器摆放位置，方框为励磁变压器摆放位置）

6.1.2　召开班前会

6.1.2.1　人员分工

根据作业内容及工作量确定具体的人员分工。

6.1.2.2　技术交底

明确作业方法、工艺及质量标准。

6.1.2.3　进行危险点分析并制定控制措施

危险点分析及控制措施详尽并有针对性。

6.1.3　填写并签发工作票

完整填写电力电缆第一种工作票并履行审批、签发手续。

6.2　作业中控制

6.2.1　作业开工

6.2.1.1　办理工作许可手续

作业前与调度联系线路确已停电，办理工作许可手续，并且安全措施已布置完毕，可以作业。

6.2.1.2　宣读工作票

（1）工作负责人召集全体人员列队，宣读工作票，工作人员列队认真听票。

（2）工作负责人讲明工作中的危险点及控制措施，并进行提问，无问题后工作班人员在工作票上签字确认后，方可开始作业。

6.2.1.3　核对工作范围及设备

工作负责人接到工作许可命令后，率领工作班成员到达现场。工作负责人要亲自按工作票内容核对试验线路名称、杆塔号。

6.2.1.4　验电、挂接地线

（1）由专人用合格的验电器在试验电缆线路两侧终端验电，并设专人监护。

（2）验明线路确无电压后，开始装设接地线。应先接接地端、后接导线端，接地线应接触良好，连接可靠；接地线不得缠绕。

6.2.2　作业内容及质量控制流程

6.2.2.1　仪器、工器具摆放

根据试验要求提供的平坦场地，将所有耐压试验仪器依次摆放好。

6.2.2.2　试验步骤

（1）断开被试电缆两侧终端与外部导线的连接。

（2）确认电缆各护层过电压保护器已短接接地。确认非被试电缆接地。

（3）绝缘电阻测量：用5000V绝缘电阻表，导体与屏蔽层间绝缘电阻值一般不低于出厂70%。

（4）按试验接线图要求接线，将高压引线接到加压地点处的电缆终端。

（5）接上试验设备，连接被试电缆，合上电源，将电压升到10%试验电压左右，调整谐振频率，然后均匀升压至试验电压值，停留60min后，做好试验记录，降压至零并切断试验电源。

（6）先用串有约10MΩ限流电阻的放电棒放电，然后再用地线直接接触放电，放电应充分。

（7）重新测量被试电缆绝缘电阻。

（8）试验过程中如有异常情况发生，应查明原因后再继续试验。

（9）改变试验接线，重复完成其他电缆试验,每相试验间隔 1h。

6.2.3 作业结束

6.2.3.1 作业现场清理

达到工完、场清、料净。

6.2.3.2 盘点仪器、工具、材料数量

按仪器、工器具和材料附表核实工具、材料数量。

6.2.3.3 申请办理质量验收

按工艺标准及有关规程组织施工质量验收。

6.2.3.4 拆除接地线、人员撤离

工作结束后，工作负责人检查作业现场无问题、确定所有人员下塔后，下令拆除接地线。

6.2.3.5 办理工作票终结手续

工作负责人向工作许可人汇报作业结束，现场人员全部下塔，线路所挂的接地线已全部拆除，没有遗留问题，可以恢复送电。

6.3 作业后小结

（1）召开班后会。

（2）将试验数据录入 GPMS 系统。

（3）将班前会和班后会录音上传至 GPMS 系统，并做好登记。

（4）将本次作业过程记录录入到 GPMS 系统，进行评估和终结作业流程。

思考与练习

1．请根据以下案例进行原因分析并思考防范措施。

【案例】 某日物资供应公司请供用电部综合班试验组林××（班长）、郑××、王××等三位同志到仓库做一台 315kVA 配电变压器变试验，到现场后林××交待工作完，就和驾驶员去展览城参观，郑××、王××就开始分头工作，王××接电源线到隔离开关（试验），郑××从隔离开关下端接线到电风扇，同时引线准备接至试验调压器及互感器，当郑××要接上互感器电源时，没有与王核对隔离开关位置（实际上刀闸已合，风扇已在转动），发生触电，经医生检查右脚小指有三点电击穿麻点，住院一星期观察治疗。

2．画出电缆交流变频谐振试验接线图。

第二部分 标准化作业文本

1 标准化作业指导书

220kV ××Ⅰ路电缆交流耐压试验作业指导书

编写：________ ________ 年 _____月 _____日

审核：________ ________ 年 _____月 _____日

批准：________ ________ 年 _____月 _____日

工作负责人：

作业日期：　　年　月　日　时 至　年　月　日　时

××××公司

1 范围

本指导书适用于输电线路 220kV ××Ⅰ路电缆交流耐压试验作业。

2 引用文件

GB 50168—2006　　《电气装置安装工程电缆线路施工及验收规范》
GB/Z 18890.1—2002　《额定电压 220kV（U_m=252kV）交联聚乙烯绝缘电力电缆及附件》
GB 50217—2007　　《电力工程电缆设计规范》
Q/GDW 512—2010　　《电力电缆线路运行规程》
国家电网安监〔2009〕664 号　《国家电网公司电力安全工作规程（线路部分）》

3 环境条件

（1）作业现场的生产条件和安全设施应符合有关标准、规范的要求。

（2）作业应在良好的天气下进行，工作中遇有雷、雨、雾及五级以上的大风等恶劣天气时，应立即停止工作。

4 作业人员组织与分工

4.1 作业任务及分工（见检修安全质量控制卡）

4.2 作业人员标准与职责

√	序号	岗位	标　准	职　　责	其他要求
	1	工作负责人	1．精神状态良好、责任心强。 2．经安规考试合格，局安监部批准可以担任送电线路工作负责人的人员	1．组织作业人员进行安全交底、学习本指导书，并进行录音。 2．工作票的开工、终结办理。 3．监督工作段接地线是否挂好、足够。 4．检查各种作业工器具、材料及劳保用品是否完备	1．精神状态良好。 2．具备必要的电气知识，并经安规考试合格。 3．进入作业现场，穿合格工作服、工作鞋，戴好安全帽。 4．作业中互相关心施工安全及时纠正不安全的行为
	2	监护人	1．精神状态良好、责任心强。 2．经安规考试合格，局安监部批准可以担任送电线路工作负责人的人员	1．监护本小组作业人员的安全。 2．对本小组作业人员安全负责	
	3	电缆试验工	1．取得送电线路专业上岗证书。 2．无影响高空作业病症	1．安装、拆卸施工工具。 2．高空完成绝缘子更换。 3．工艺质量主要控制人	
	4	辅助电工（民工）	通过安全教育，掌握线路作业有关安全事项，了解工具的使用、搬运方法	1．搬运施工工具、材料。 2．协助地面电工升、放施工工具、材料	

5 工作前准备

5.1 设备了解

√	序号	准备内容及要求	备　　注
	1	了解试验线路的名称、编号、位置及近邻设备情况	

表（续）

√	序号	准备内容及要求	备　注
	2	了解试验时的停电范围及近邻设备运行状态	
	3	了解试验仪器原理、状况和操作步骤	
	4	了解试验仪器接线和参数计算及要求	
	5	了解当天天气状况	

5.2　工具准备

5.2.1　安全工具准备

√	序号	工具名称	规　格　型　号	单位	数量	备　注
	1	验电笔	与检修线路设备电压等级相适应	把	2	
	2	接地线	与检修线路设备电压等级相适应	组	2	
	以上作业工器具机械及电气强度均应满足《电业安全工作规程》要求，周期预防性、检查性试验合格					

5.2.2　作业工具准备

√	序号	工具名称	规格型号	单位	数量	备　注
	1	220kV 变频串联谐振耐压装置	XZF-4X3450/230	套	1	
	2	变频控制台	VFSR-250	台	1	
	3	放电棒	10MΩ	把	1	
	4	绝缘电阻表	MODEL 3124	台	1	
	5	万用表	FLUKE	台	1	
	6	钳形电流表	2000A	台	1	
	7	试验用测试线		套	1	
	8	通信工具		部	2	
	9	警示锥		个	10	
	10	安全围网		张	3	
	11	380V 试验用电源		处	1	必要时配备移动式发电车
	以上作业工器具机械及电气强度均应满足《电业安全工作规程》要求，周期预防性、检查性试验合格					

5.2.3　个人工具准备

√	序号	工具名称	规格型号	单位	数量	备　注
	1	安全帽	HT-7A	顶	6	
	2	双控式安全带	100kg	条	4	
	3	扳手	12in	把	4	
	4	扳手	10in	把	4	
	5	钳子	—	把	2	
	以上作业工器具机械及电气强度均应满足《电业安全工作规程》要求，周期预防性、检查性试验合格					

5.3　材料准备

√	序号	名称	型号	单位	数量	备　　注
	1	合成绝缘子	与检修线路设备相适应	支	1	带弹簧销

5.4　其他准备事项

√	序号	准 备 内 容	执行时限	责任人签名
	1	按规定向调度提出停电申请，并得以许可	提前3个工作日	
	2	组织学习本作业指导书	提前1天	
	3	按《电业安全工作规程》要求填写电力电缆第一种工作票	提前1天	
	4	工作负责人宣读工作票、再次交待工作任务、作业危险点安全措施及注意事项	当天工作前	
	5	工作班成员明确工作任务、安全措施及注意事项后在工作票上签字	当天工作前	

5.5　危险点分析及预控措施

√	序号	内　　容
	1	检修前，未认真核对设备、编号而走错间隔、误登带电杆塔
	2	检修过程中，人员及工器具与带电线路，同回路线路带电部分未保持足够的安全距离（110kV ≥1.5m）
	3	检修设备在现场搬动过程中，指挥不当，造成设备损坏，砸伤人员
	4	电缆试验前，被试电缆和试验设备在移动时未进行放电
	5	工作人员思想波动，情绪反常，身体状况不佳，心理不正常
	6	接地线不合格。如电压等级不符、截面过小、接地棒的绝缘电阻不合格、缠绕接地、或挂接地线顺序错误
	7	电缆拆、接引线时，感应电伤人，高空坠落物体伤人或登高人员坠落
	8	检修试验设备误接线，试验设备漏、放电
	9	检修试验现场未设围栏，未悬挂“有电危险”标示牌，闲杂人员误入
	10	变更试验接线时，残余电荷未放尽，造成残余电压伤人
	11	测试完毕后不检查,发生电缆金属屏蔽换位错接
	12	进入工井前未进行通风处理和用有害气体检测仪检测
	13	加压时，电缆对端没有设专人监护，或通信不畅通
	14	把有故障的试验设备带到现场
	15	工作任务和安全措施交待不详尽、不清晰
	16	误接非独立电源
	17	电源线蹦跳触及带电设备
	18	高空坠落
	19	无关人员可能误入试验场地
	20	人员误触碰带电的高压试验引线

表（续）

√	序号	内　　容
	21	感应电伤人、高压触电
	22	拆接引线未恢复，或者遗留工具
	23	工作完毕后，漏拆除接地线

5.6　安全措施及注意事项

√	序号	内　　容
	1	严格执行工作票制度，正确填写电力电缆第一种工作票
	2	断开 220kV ××Ⅰ路线路两侧断路器和隔离开关，并挂接地线
	3	装设接地线时，应先接接地端，后接导线端，接地线连接可靠，不准缠绕，拆接地线时的程序与此相反
	4	在停电线路装接地线前，要先核对线路名称，相位无误后，再使用检验合格的验电器验电，验明停电线路确无电压
	5	验电时，应戴绝缘手套，并有专人监护并应逐相进行
	6	工作中需要进行登高作业时，对工器具进行必要的检查，做好防止人员摔落的安全措施
	7	登高作业必须系双保险安全带，戴安全帽，穿绝缘靴；进入试验现场，试验人员必须戴安全帽，穿绝缘鞋
	8	本线路上若有感应电压时，在电缆终端头及架空线上加装接地线
	9	拆除电缆头引线前，应确定电缆两端电缆头引线确已挂好接地线或已合上接地刀闸
	10	工作现场周围要设置围栏和遮栏
	11	检查试验设备的良好性，防止漏放电伤人
	12	在测量护层绝缘电阻过程中及接绝缘电阻表引线时，必须加强监护，防止线路感应电压及绝缘电阻表自身错接线、漏电伤人
	13	对电缆进行高压测试时，试验人员应注意与带电线路和试验设备带电裸露部分保持足够的安全距离（110kV≥1.5m）
	14	工作过程中要防止行人跌入窨井、沟坎，对开启的井口、窨井、沟坎要设专人监护，并加装警示标识和安全标识
	15	出工前检查试验设备是否完好，是否在有效期内
	16	工作负责人应在开工前向全体工作成员交待清楚工作地点、工作任务、已拉开的隔离开关和已合上的接地开关的情况，检查安全围栏和标示牌等安全措施，特别注意与临近带电设备的安全距离，防止走错间隔
	17	检查电源是否为独立电源，防止误跳运行设备
	18	严禁蹦跳电源线，电源线必须固定，防止甩动或突然断开试验电源
	19	登高人员必须使用安全带，必要时使用高空作业车
	20	安全围栏设置，不要有缺口，安全围栏周围派人监护，防止无关人员进入
	21	在加压之前清理无关人员，同时对工作组成员交待好安全事项，加压过程中设专人监护，并呼唱
	22	试验中断、更改接线或结束后，必须切断主回路的电源挂上接地线后才可更换试验接线
	23	工作负责人在试验工作结束后进行认真的检查，确认拆接引线已恢复，无遗留工具和杂物

5.7 作业分工

√	序号	作业内容	分组负责人	作业人员
	1	填报电力电缆第一种工作票		
	2	核对 220kV ××Ⅰ路线路名称和塔号		
	3	确认作业面安全距离，作业半径，与带电线路，同回路线路带电裸露部分保持足够的安全距离（110kV≥1.5m）		
	4	断开被试电缆两侧终端与外部导线的连接；其中××变压器侧 GIS 电缆终端头已安装完毕但导杆不接入。确认已充好 SF_6 气体，气体压力达 4 个大气压以上，并静置 24h 经微水检验合格。220kV ××Ⅰ路 8 号电缆终端验电并挂接地线，拆除电缆终端头引线，将电缆与电力系统脱离（检查验电器、接地线是否满足现场要求，控制接地线使用程序和方法）		
	5	确认电缆各护层过电压保护器已短接接地。确认非被试电缆接地，做好标记，恢复时做到原拆原装		
	6	绝缘电阻测量：用 5000V 绝缘电阻表，导体与屏蔽层间绝缘电阻值一般不低于出厂 70%		
	7	按试验接线图要求接线，将高压引线接到加压地点处的电缆终端。检查试验回路所有接线，检查测量仪表，准备开始试验		
	8	合上试验电源，开始试验，将试验回路调至谐振		
	9	将输出电压逐渐升至试验电压，保持试验电压 60min，然后快速降压至零，断开试验电源，高压端挂接地线		
	10	试验过程中如发生闪络、击穿或异常情况，应立即暂停试验。委托方应安排人员检查电缆是否需要处理，确定能否再次进行耐压试验。试验方应检查试验设备是否损坏，如有损坏须立即检修		
	11	重新试验时如再次发生闪络或击穿，委托方必须确认电缆经检查处理后符合耐压试验要求，重复执行 9 步骤，直至试验完成		
	12	先用串有约 10MΩ 限流电阻的放电棒放电，然后再用地线直接接触放电，放电应充分		
	13	重新测量被试电缆绝缘电阻		
	14	改变试验接线，重复完成其他电缆试验，每相试验间隔 1h		
	15	恢复××变压器 220kV ××Ⅰ路 GIS 电缆终端头引线，将电缆与电力系统连接，断开接地开关		
	16	恢复 220kV ××Ⅰ路 8 号塔电缆终端头引线，将电缆与电力系统连接，拆除该电缆终端头接地线		
	17	对现场进行全面检查，办理工作票终结		

6 作业程序

6.1 开工

√	序号	内容	作业人员签字
	1	重新学习施工组织设计和技术措施，落实熟练掌握交流变频谐振试验方法、技术标准等的人员到位；携带经检查合格的耐压试验仪器、工器具及材料进场	
	2	向调度员提出 220kV ××Ⅰ路线路转检修申请和工作票	
	3	开工前认真填写工作票，严格审批制度	

表（续）

√	序号	内　　容	作业人员签字
	4	严格站、班会制，对当天的工作必须进行“三查”、“三交”。即：查着装、查安全帽、安全带、绝缘鞋、查精神状况；交任务、交技术、交安全	
	5	工作负责人发布开工令	
	6	在宣读工作票时，进行现场技术交底，每个工作人员必须在场聆听，不清楚之处及时向工作负责人提问，工作负责人必须向每一位工作人员交待清楚各自的工作任务、工作范围、工作时间、安全措施、危险点和安全注意事项	
	7	向调度员报开工，得到工作许可命令后，在220kV ××Ⅰ路8号塔电缆头挂好接地线，以及工作负责人检查××变压器GIS电缆终端接地刀闸确已合闸后方可开工	

6.2　作业内容及标准

√	序号	作业内容	作业步骤及标准	安全措施注意事项	责任人签字
	1	验电、挂地线	220kV ××Ⅰ路8号电缆终端验电并挂接地线，拆除电缆终端头引线	检查验电器、接地线是否满足现场要求，控制接地线使用程序和方法	
	2	绝缘电阻测量	用5000V绝缘电阻表，导体与屏蔽层间绝缘电阻值一般不低于出厂70%	在测量护层绝缘电阻过程中及接绝缘电阻表引线时，必须加强监护，防止线路感应电压及绝缘电阻表自身错接线、漏电伤人	
	3	试验接线	220kV ××Ⅰ路8号塔按试验接线图要求接线，将高压引线接到电缆终端的A相上。检查试验回路所有接线，检查测量仪表，准备开始试验	1. 检查试验回路所有接线正确。 2. 试验设备需接地应牢固可靠，被试设备该接地应确认接地后方可开始试验。 3. 确认电缆各护层过电压保护器已短接接地	
	4	加压	将输出电压逐渐升至试验电压，保持试验电压60min，然后快速降压至零，断开试验电源，高压端挂接地线。而后依次对V、W两相进行相同步骤的试验	1. 试验区内用绳围,四周悬挂“止步,高压危险”标示牌,非试验人员不得进入试验区内。 2. 电缆两侧终端，试验时应派人看守，任何人不得靠近终端接头处。 3. 加压时，另一相应分别接地。 4. 试验人员在升压过程中应注意力集中，各守岗位，发现异常情况（如异常声响、电流表出现较大摆动）应立即采取适当措施。 5. 操作人员应站在绝缘垫上，并带绝缘手套。 6. 每相试验完毕应充分放电后，才能更换接线	
	5	恢复接线	试验完毕后按原接线对电缆终端头引线、护层接地线进行恢复	连接时护层引线应接地，以防感应电压触电	

6.3　竣工

√	序号	内　　容	负责人签字
	1	各小组负责人应认真检查各自的工作完成情况，向总负责人进行工作交接	

表（续）

√	序号	内　　容	负责人签字
	2	工毕后，清理施工现场，施工垃圾分类存放，确保施工环境无污染，做到“工完场清”	
	3	指定专人认真清点本项目施工的所有从业人员，清理开工前所携带的仪器、工器具无丢失，材料的使用情况正常，确定线路无人后，拆除所挂接地线并向调度员报完工	
	4	详细记录电缆试验数据，并加以总结	
	5	详细填写《电缆试验报告》	

7　消缺记录

√	序号	缺　陷　内　容	消除人员签字
	1		
	2		
	3		

8　验收总结

序号	检　修　总　结	
1	验收评价	
2	存在问题及处理意见	

9　指导书执行情况评估

评估内容	符合性	优		可操作项	
		良		不可操作项	
	可操作性	优		修改项	
		良		遗漏项	
存在问题					
改进意见					

10　附录

2　安全质量控制卡

编号：××××××××

班组作业安全质量控制卡

作业名称：220kV ××电缆交流耐压试验作业

编制：　　　　　　审批：

工作负责人：　　　　　　小组成员：

作业性质：停电作业

计划时间：××年×月×日×时×分至××年×月×日×时×分

1　作业前

1.1　内业准备

序号	类　别	规　格	单位	数量	确认
1．仪器、工器具和材料					
1.1	安全帽	HT-7A	顶	6	
1.2	双控式安全带	T3XB	套	4	
1.3	个人工具		套	6	
1.4	高压验电器	220kV	套	1	
1.5	接地线	220kV 截面积不得小于 25mm^2	组	1	
1.6	绝缘手套	10kV	副	1	
1.7	220kV 变频串联谐振耐压装置	XZF-4X3450/230	套	1	
1.8	变频控制台	VFSR-250	台	1	
1.9	放电棒	10MΩ	把	1	
1.10	绝缘电阻表	MODEL 3124	台	1	
1.11	万用表	FLUKE	台	1	
1.12	钳形电流表	2000A	台	1	
1.13	试验用测试线		套	1	
1.14	警示锥		个	10	
1.15	安全围网		张	3	
1.16	380V 试验用电源	必要时配备移动式发电车	处	1	
1.17	竹梯	12 节	架	2	
1.18	传递绳	ϕ12	根	1	
1.19	短接线	ϕ120	条	2	
2．作业文件					
2.1	工作票编号	××××××			

表（续）

序号	类　别	规　格	单位	数量	确认
2.2	现场勘察单	□已勘察　□无需勘察			
2.3	试验记录卡				
3．录音笔					
4．实际综合人日	技工	6	民工	4	

1.2　出工准备

序号	名　称	确认
1	任务分工	
2	出工三检查（检查作业人员着装、劳动防护用品和精神状态）	

2　作业中

2.1　班前会

2.1.1　危险点分析及安全控制措施交底

序号	危险点分析	安全控制措施	确认
1	误入间隔（杆塔）	1．设专人监护。 2．登塔前必须仔细核对线路双重命名、杆塔号，确认无误后方可上塔。 3．现场作业人员佩戴停电检修线路的识别标志卡	
2	触电、感应电伤害	1．开工前必须办理电力第一种工作票。 2．采用合格验电器进行验电并在工作地段两端挂接地线，未接到工作负责人通知，不得上塔作业。 3．接地线拆除后，严禁所有人员上塔。 4．加压时，其他相应分别接地，测试后应对测试相充分放电。 5．低压电源应装设漏电保护装置	
3	高空坠落	1．确认工井内脚钉（爬梯）的稳固情况是否完整可靠。手脚应抓稳踏牢。 2．高空作业人员应正确使用背带式双控安全带，安全带和保护绳应分挂在杆塔不同部位的牢固构件上，并防止被锋利物损坏。攀登门型架（杆塔）、杆（塔）上移位时，双手不得持带工具物品等，作业时不得失去安全防护	
4	坠物伤人	1．作业人员必须正确佩戴安全帽。 2．使用工具袋，较大工具等应固定牢靠，传递物件应使用绳索，禁止抛掷。掀开的工井，应装设围栏并设专人看护，防止行人进入作业现场，井盖应放置在安全位置，以防落入井内。 3．井下上作业人员要防止井上掉东西，使用的工器具、小材料应装在工具袋里。 4．传递物品所用绳索应完好，无断股、灯笼	
5	工具故障	准备工具时规格型号应匹配、性能良好、安全系数足够，并检查其外观是否良好，试验是否过期，发现有损伤或其他异常情况应停止使用，禁止冒险作业	
6	车辆伤害	在有车辆行驶的路径进行试验时，应注意交通安全，以防行驶车辆对人员伤害	
7	其他	在恶劣天气且未采取必要的安全措施时（如遇雷、雨、雪、雾、风力大于5级等），停止作业	

2.1.2 安全措施确认

我已知晓上述工作内容、地点、计划时间、人员分工、危险因素及防范措施，精神状态良好。 确认签字：

2.2 作业工序

2.2.1 作业组关键工序安全质量控制

序号	关键工序	风险提醒	确认		
1	验电装设接地线	1．对线路逐相进行验电，验明线路确无电压后，即在线路上挂接地线。 2．挂接地线时，其接地端和导线端必须接触良好、可靠			
2	有害气体检测	进入工井作业前，必须用有害气体检测仪对工井内的环境进行检测，以防有害气体伤人，并进行有效通风处理			
3	短接护层保护器	应带足照明设备，确认电缆各护层过电压保护器已短接接地			
4	线芯绝缘电阻测量	在测量护层绝缘电阻过程中及接绝缘电阻表引线时，必须加强监护，防止线路感应电压及绝缘电阻表自身错接线、漏电伤人			
5	耐压试验	1．试验区内用绳围,四周悬挂“止步,高压危险”标示牌,非试验人员不得进入试验区内。 2．电缆两侧终端，试验时应派人看守，任何人不得靠近终端接头处。 3．加压时，其他相应分别接地。 4．试验人员在升压过程中应注意力集中，各守岗位，发现异常情况（如异常声响、电流表出现较大摆动）应立即采取适当措施。 5．操作人员应站在绝缘垫上，并戴绝缘手套。 6．每相试验完毕应充分放电后，才能更换接线			
6	恢复接线	拆除护层保护器的短接接地线			
7	拆除接地线	确认本班工作人员均已撤离杆塔后，指挥拆除本班所挂接的所有接地线			

2.2.2 工作监护

专人监护			是□ 否□	
杆号			监护人	登杆人

3 作业后

3.1 内业工作

序号	流程	要求	确认
1	班后会	工作总结、评价及相应措施	
2	GPMS 流程推进	作业管理相关内容填写、上传完整，发现、处理缺陷记录	

表（续）

序号	流　程	要　　求	确认
3	录音上传	工作许可、安全措施交待录音	
4	作业文件归档	工作票、试验报告归档	

3.2　作业评价

评价情况：经检查，本控制卡：□ 合格 / □ 不合格，存在____问题，已向____________指出。

检查人：________________

____年____月____日

3　现场勘察单

××电业局（供电公司）电力线路工作现场勘察单

编号：××××

工作名称	××××	勘察单位	××××
工作范围			
工作主要内容			
现场勘察情况图示（工作范围及保留带电部分图示或地下缆沟管线等布置图）			
现场勘察情况说明	1．邻近、交叉或跨越带电设备距离：		
	2．工作地段周围环境：		
	3．地下管网布置情况：		
	4．其他：		
现场工作安全要求			
审核：×××　勘察人：×××、×××　监理人：×××　勘察日期：××××年××月××日			

4 电力电缆第一种工作票

编号：××××××

×××× 电业局（供电公司）
电力电缆第一种工作票

1．部门
×××　工作班组：××××　工作负责人：×××

2．工作班人员
×××、×××、×××

共 ×× 人

3．工作线路（电缆）名称或设备名称
220kV××电缆线路

4．工作任务

工作地段（注明电缆起止地点）	工 作 内 容
××变压器 220kV ××线××间隔电缆终端头至 220kV ××电缆×号塔电缆终端头	220kV××电缆交流耐压试验

5．安全措施

必要时可附页绘图说明。

（1）应断开断路器、隔离开关（包括线路隔离开关）、熔丝（包括跌落熔丝以及二次回路熔丝等），应合接地开关（名称和编号）、应挂接地线：

变、配电站或线路名称	应断开的断路器和隔离开关、熔丝，应合接地开关、应挂接地线
220kV ××变电站	断开 220kV ××线××断路器、××高压隔离开关及××间隔线路电压互感器低压空气断路器，合上 220kV××电缆××甲接地开关
220kV ××变电站	断开 220kV ××线××断路器、××高压隔离开关、××高压隔离开关及××间隔线路电压互感器低压空气断路器，合上 220kV××线××甲接地开关

（2）工作班应挂接地线：＿＿＿＿共有＿＿组

线路电压等级、名称和杆号（注明方向）	接地线编号		执行人	
	高压	低压	装设	拆除
220kV××电缆×号塔电缆终端头引线上				

（3）应装绝缘挡板、应设遮栏，应挂标示牌。

变（配）电站名称	应装绝缘挡板、应设遮栏，应挂标示牌
220kV××变电站	在220kV××线××间隔电缆头周围设适量围栏，上挂适量“止步，高压危险”标示牌，面朝检修设备，在其出入口处挂“从此进出”标示牌；在其电缆头支架上挂“在此工作”标示牌。在 220kV××线××断路器和×××高压隔离开关操作把手上挂“禁止合闸，线路有人工作”标示牌
220kV××变电站	在 220kV××线××和××高压隔离开关操作把手上挂“禁止合闸，线路有人工作”标示牌

（4）注意事项：工作负责人在工作前，必须确认 220kV××变 220kV××线××甲接地开关在合闸位置后，220kV××变电站 220kV××线×××甲接地开关在合闸位置后，方可开始工作

工作票签发人：×××　　签发日期：××年×月×日

6．计划工作时间：自____年___月___日___时___分至____年___月___日___时___分

工作负责人：______________　工作票签发人：______________

7．工作负责人现场补充安全措施：____

____

____

8．确认本票 1～7 项。工作许可：

（1）在线路上的电缆工作：

工作许可人（调度员）_____________用__________方式许可，自________年______月_____日_____时____分起开始工作。

许可人：______________　工作负责人：____________

（2）在发电厂或变、配电站内的电缆工作：

1）安全措施项所列措施中___________（发电厂/变、配电站）部分，安全措施已经执行，工作地点保留带电分：____；补充下列安全措施和注意事项：____

____

许可自_____年____月____日_____时____分起开始工作。

工作许可人：______________　工作负责人：______________

2）安全措施项所列措施中___________（发电厂/变、配电站）部分，安全措施已经执行，工作地点保留带电部分：____；补充下列安全措施和注意事项：____

____

____

许可自_____年____月____日____时____分起开始工作。

工作许可人：__________　工作负责人：___________

9．工作人员变动：

增添人员姓名	日	时	分	工作负责人签名	离去人员姓名	日	时	分	工作负责人签名

10．工作负责人变动：

原工作负责人______离去，变更______为工作负责人。变动时间 ___年__月__日__时__分，并已通知_____调度员、变电站_____值班员、配电站_____值班员。工作票签发人：_________

11．每日开工和收工时间（使用一天的工作票不必填写）

收工时间				工作负责人	工作许可人	开工时间				工作许可人	工作负责人
月	日	时	分			月	日	时	分		

12．工作票延期：

有效期延长到：_____年___月___日____时____分，延期原因：_______________

工作负责人：____________　值班调度员：____________

13．工作结束：

（1）在发电厂或变配电站内的电缆工作：

1）在___________（发电厂/变、配电站）工作于______年______月_____日_____时____分结束，工作人员已全部退出，材料工具已清理完毕。

工作许可人：___________　工作负责人：________________

2）在___________（发电厂/变、配电站）工作于______年______月_____日____时____分终结，工作人员已全部退出，材料工具已清理完毕。

工作许可人：__________　工作负责人：_________________

（2）全部工作已结束，工作人员已全部撤离，现场已清理完毕，工作班所装的临时接地线共____组已全部拆除。于_________年______月______日_____时______分工作负责人向当值调度员________________用____________方式汇报。

14．工作票终结：临时遮栏、标示牌已拆除，常设遮栏已恢复。接地线编号__________________________________等共___组、接地开关（小车）共____副（台）未拆除或拉开，已汇报调度员。

工作许可（当值）人签名：____________

时间：________年____月____日____时___分

15．备注：____

（1）指定专责监护人________负责监护（地点及具体工作）____________________

（2）其他事项：____

____

____

16．交任务、交安全措施确认：

我对工作负责人布置的工作任务及安全措施已明白无误，所做安全措施已能确保我的工作安全。

工作班人员签名：____

____

____

____

17．评价情况：

经检查本票为_______票，存在____

____问题，已向________指出。

检查人：____________________

_____年____月____日

思考与练习答案

1．答：原因分析：工作无监护是事故的主要原因，试验人员没穿工作鞋也是发生事故的重要原因，物资供应公司用工没有经部统一安排，擅自到班组派工要人。现场没有明确的工作负责人，没有全面检查、协调，郑×本人工作不小心，而引起事故。

防范措施：

（1）工作负责人、专责监护人应始终在工作现场，对工作班人员的安全进行认真监护，及时纠正不安全的行为。（《国家电网公司电力安全工作规程（线路部分）》第 2.5.1 条）

（2）作业人员在接触运用中配电箱前，应检查接地装置是否良好，并用验电笔确认其确无电压后，方可接触。（《国家电网公司电力安全工作规程（线路部分）》第 9.3.3 条）

2．答：电缆交流耐压试验接线图如图 1 所示。

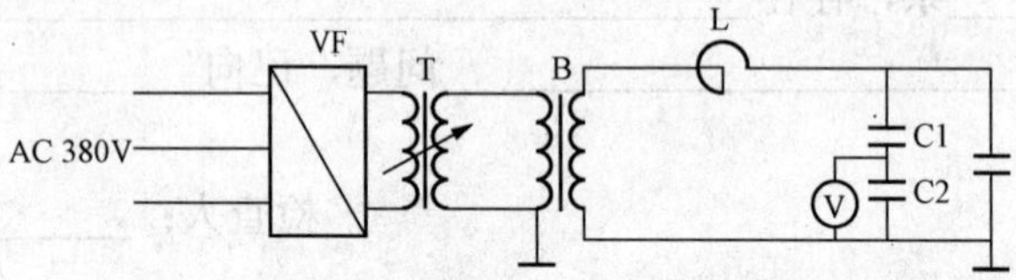

图 1　电缆交流耐压试验接线图

VF—变频电源；T—调压器；B—中间变压器；L—高压电抗器；C1、C2—分压器高、低压电容器；V—测量电压表；C_x—被试电缆